生きているうちに。

ジョン・キム

サンマーク出版

あなたは今日、
本物になるために
旅に出る。

プロローグ

旅立ちのときは来た。
君はもう前に進むしかない。
後ろに道はないのだから。

その老人は、私にそう言った。
私はためらっていた。
今日、旅をすることになるなんて思いもしなかったから。
私は手ぶらだった。

「旅の準備なんてしてきませんでした」

私が言うと、老人はこう言った。
準備ができているかどうかを気にしているのなら、そんなことはどうでもいい。
歩いてさえいれば、君にはすべてのものが手に入る。
何を持っていくかより、何を置いていくかのほうが大事だ。

目的地を示す地図は必要ないだろう。
どんな道を行こうが誰もがそこにたどり着く。
時間を知るための時計もいらない。
時計は、旅人を迷わせるだけ。
そこへは、急いでも怠けても行けないのだから。
君が持っていくものはただ一つ。
そこへたどり着くまで旅をやめない覚悟、それだけだ。

生きているうちに。

目次

4…私は自分を好きになれる？

5…私は何を持っている？

6…私は誰なのか？

ブックデザイン　轡田昭彦＋坪井朋子
イラスト　本田亮
校閲　鷗来堂
編集協力　岡田寛子
編集　高橋朋宏、桑島暁子（サンマーク出版）

1…私は何が欲しいのか？

思うとおりにならないのが人生なのか？

人生は思うとおりにならないことばかりだ。
私は神様の失敗作なのかもしれない。
知識、外見、才能、そして運……。
あまりにも足りないものが多すぎる。

誰と比べても私は情けなかった。
ほかの人は私より多くのものを持っているように見えた。
自分があまりにも無力に思え、いつも諦めてばかりいた。

人生は心配なことばかりだ。

失敗しないか、間違わないか。
とくに、人に嫌われることは恐ろしかった。
だから、いつもまわりを気にしていた。
もっと自由に生きたいけれど、孤独になるのは怖い。
手足が見えない鎖につながれているみたいだった。

重要なことは何も言わない。何もしない。
そうすれば何事もなく一日は過ぎていった。
ときどき、希望が胸にわいてくる日もあったけれど、
一日の終わりにはそれをなかったことにしてしまっていた。
そうやってやり過ごすほうが安心だったから。

でも、人生って、こんなものなのだろうか。
こんなものが私の人生なのだろうか。

どこかから声がする。
その声はこう言っている。

君が**求めているもの**を教えてあげよう。
もし、それを知る勇気が君にあるのなら。
君には知る権利がある。
君についてのほんとうのことを。

もし、
人生をリセットすることが
できるとしたら

その老人がいたのは目がくらむほどの
真っ白な部屋だった。
そこに来るまでの私は眠っていたような気もするし、
一人でぼんやりしていた気もする。

どちらにせよ、なんの前触れもなく老人は目の前に現れた。

暗い部屋に突然電気がついたみたいに、あたりが急にまぶしくなり、おそるおそる目を開けると、白い光につつまれた、その白い部屋に私は立っていた。その老人は、小さな椅子に腰かけていた。

老人は私も椅子にかけるようにすすめてくれた。

「よく来たね。ここがどこだかわかるかい？」

老人にそう言われて、何かを思い出そうとしてみた。

ところが、私の頭の中はこの部屋と同じぐらい真っ白になっていたのだ。自分の名前も年齢も、どこでどんなふうに暮らしていたのかもまったく思い出せなかった。学生だったような気もするし、とっくに社会人になっていたような気もする。「自分が何者か」に関しての記憶がまったくなかった。

でも不思議なことに、ちっとも混乱などしていなかった。むしろ、肩から重い荷物を降ろしたかのように、すがすがしい気分だった。

私が黙っていると、老人は静かにこう言った。

「ここは、人生をリセットするための分岐点だ。今日、君は旅立つ。君の鎖はもう切れかかっている。わかるね。それが合図だ。

旅立ちのときは来た。君はもう前に進むしかない。後ろに道はないのだから」

「鎖が切れかかっている」という老人の言葉の意味を、私はたぶん完璧に理解していた。

真っ白な頭の中に、ぼんやりと残っていた感覚があった。

鎖につながれていた私。自分には何もできないと思っている私。

私は知っていた。私が苦しいのは、この鎖のせいだと。もう、この鎖を断ち切っていいんだということも。

けれど、私はまだためらっていた。

「旅の準備なんてしてきませんでした」

私が言うと、老人はこう言った。

「準備ができているかどうかを気にしているのなら、そんなことはどうでもいい。歩いてさえいれば、君にはすべてのものが手に入る。

何を持っていくかより、何を置いていくかのほうが大事だ。

目的地を示す地図は必要ないだろう。どんな道を行こうが誰もがそこにたどり着く。時間を知るための時計もいらない。時計は、旅人を迷わせるだけ。そこへは、急いでも怠けても行けないのだから。君が持っていくものはただ一つ。そこへたどり着くまで旅をやめない覚悟、それだけだ」

「家族や友だちに、さよならを言ってきませんでした」

真っ白な頭の中に、かすかだが、記憶がよみがえる。

私にも大切に思っている人たちがいたこと。

別れを悲しむ彼らの顔が浮かんでくる。

でも老人は言った。

「彼らにさよならを言う必要はない。これは、一人きりの旅になる。彼らのうち誰一人として、ともに連れていくことはできない。けれど、心配することはない。彼らにはまた出会えるのだから」

「いったいどこへ向かう旅なのですか」
「この旅は、行くこと自体に意味がある。目的地に意味はほとんどない。
そんな旅を君はこれまでしたことがないかもしれない。
けれど、君だけではない。
この旅ではみんなが初心者だ。
誰もがはじめての道を通り、誰もが行き先を知らない。
どんな賢者でも間違えるだろう。
どんな勇者でも怖気づくだろう。
どんな大金持ちでも困窮し、どんな聖者でも取り乱すだろう。
しかし、旅はいつか必ず終わる。
一寸早くもなく、遅くもなく、そこにたどり着く。
その瞬間まで君は歩きつづけるのだ」
「一人で旅ができるか不安です。そんな力が私にある気がしません」
私は最後の抵抗をした。

ここにとどまっていたい気持ちと出ていきたい気持ちが戦っていた。
しかし、老人の言葉が私の背中を押す。
「残念ながら君は、いつまでも籠の中の鳥ではおれない」
老人のその言葉に、もう行くしかないんだという思いがわきあがってくる。
そして、ほんとうは籠から出たくてしかたがなかった自分に気づく。
老人はほほえんだ。
「君には旅立つ資格がある。私は旅の途中で待っていよう。
あるときは、疲れた君を励ます友として。
あるときは、暗い道を照らすランプとして。
あるときは、君の重荷を軽くする荷車として。
心を決めて歩き出せ。君が自分の足で歩くことに意味がある。
これは、自分を知るための旅。君が本物になるための旅なのだから」

◎あなたに足りないものは一つもない

読者のみなさん、こんにちは。

ジョン・キムです。

本書をお手にとってくださってありがとう。

そして、謎の老人とめぐる旅の世界へようこそ！


冒頭から不思議な話で驚かせてしまったかもしれませんが、このページを読んでいるあなたは、すでに旅の主人公の一人になりました。

この旅は「自分を知るための旅」。自分を知って「本物」になるための旅です。あなたもすでにこの旅の入口に立っています。

それでは、旅をはじめる前に、あなたに旅人の素質があるかどうかテストしておきましょう。

あなたは、自分の人生に満足しているでしょうか。
あなたの世界は、居心地のいいものでしょうか。

もし、この質問になんのためらいもなくイエスと答えられるのなら、今すぐこの本を閉じて、何かほかの、あなたの好きなことをしてもらったほうがいいかもしれません。

けれど、もし、あなたが自分の人生に対して、違和感や不安、焦燥感、虚《むな》しさを感じているのだとしたら——この物語の主人公のように——この旅に参加する価値はじゅうぶんにあります。

これは、本物になるための旅だと私は言いました。

では、本物になるというのはどういうことでしょうか。

今、多くの人が「偽物の人生」を生きてしまっていると私は感じています。

本物の人生とは、すべてが自分の中にあるという実感を持って生きることです。

私はこれを「自分自身が海になる」という言葉で表現したりするのですが、やはり、ちょっとわかりにくいかもしれません。もう少し説明を加えるとしたらこうでしょうか。


あなたは、今の自分をダメなやつだと思っている。

あるいは、本来の自分ではないと思っている。

何かが自分には足りないと感じている。

その何かを手に入れるためにあなたは生きている。

そして、それがあなたの人生の目的だと信じている。

だとしたら、今、生きているあなたは「仮」のものであって、本物ではないということになります。「いつか」「何か」を手に入れてからでないとあなたは「本物」にはなれないということですから。
一方で、海はすべてを生み出す根源です。
あなたがいる世界で起こることはすべて、あなた自身が生み出したこと。
海ですから、順風満帆のときばかりではありません。
凪のような朝もあれば、嵐の夜もあるはずです。
船は揺れに揺れて、ときに難破することもあるかもしれません。
しかし、それさえあなたの中から生まれたのだということ。
嵐を鎮める術も、あなたの中にあるということです。

あなたには人生に必要なすべての素材がそろっている。
生きるということは、その素材の使い方を学ぶことなのです。
人生の意味は、足りないものの獲得ではなく自分の内面にあるものの発見です。
あなたはいつものあなた自身を探せばいい。
それが「本物」の人生です。

もしかしたら、あなたは「あなたに足りない何か」を得られることを期待して本書を手にとってくださったのかもしれません。けれどほんとうのところは、**あなたには足りないものなんて一つもない。**それが本書の結論であり、目的地ということになります。

けれど、あなたが**「求める」気持ち**はとてもよくわかります。なぜなら私にもその感情があるから。もっと人生を楽しみたい。もっと幸せになりたい。もっと良い人間になりたいと思っています。**人は、自分の完璧さに気づかず、求めつづける不完全な生き物なのでしょう。**

「情熱の大半には、自己からの逃避がひそんでいる。何かを情熱的に追求する者は、すべて逃亡者に似た特徴をもっている。情熱の根源には、たいてい、汚れた、不具の、完全でない、確かならざる自己が存在する」――『魂の錬金術　エリック・ホッファー

全アフォリズム集』（作品社）

私の好きな哲学者、エリック・ホッファーの言葉です。

「求めなくていい。自分は完全な存在なのだから」

この真実を実感することは、現実世界では難しい。

現に、ダメ（に思える）な自分がここにいるのだから……。

求め、迷い、もがくのが人間だと思います。

しかし、大事なのは、どれだけ迷っても必ず戻れる場所、誰にも邪魔されることのない聖域、すなわち、「本物の自分」を持っておくことではないでしょうか。

旅への入口は、不安や焦り、自己否定、現実逃避でかまいません。エリック・ホッファーは、人がそれらの感情を情熱に変えることができることを教えてくれています。

足りないものに目を向け、焦り、苦しむのも、求めること。
そこに情熱の火種を見つけ、邁進《まいしん》していくのも、求めること。
大切なのは、どちらの心の状態も「あなたの中から生まれる」ということです。

いいことも悪いことも、すべてはあなたの中にある。
人生をどう乗りこなすかは、自分で決められる。
老人との旅を通して、それを実感することができるはずです。

前置きが少々長くなってしまいましたね。
旅をする心の準備はできたでしょうか。
あなたの気持ちが変わらないうちに、旅の続きをはじめましょう。

2…私には何ができるのだろう？

自分の行きたい方向に進みなさい

「さあ、君は旅の一歩を踏み出した。気分はどうだい？」

気づくと、白い部屋から出て、
乾いた地面の上に私は立っていた。
まわりにはぽつりぽつりと木が
生えているだけ。何もない荒涼と
した場所だった。

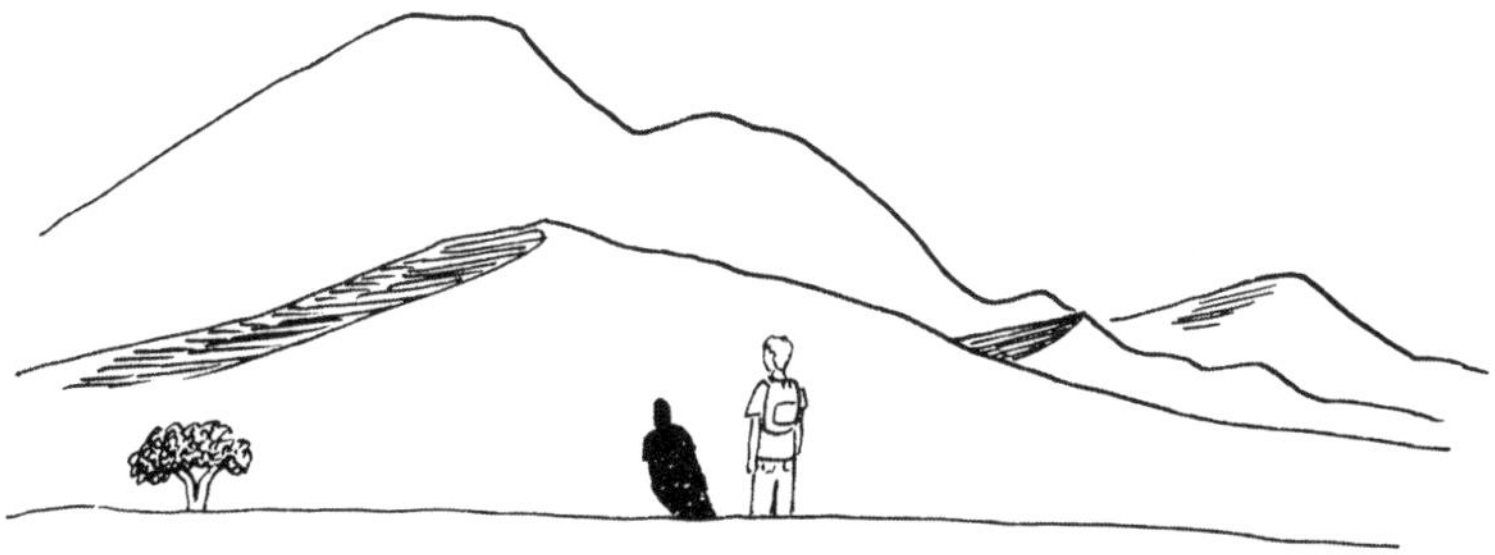

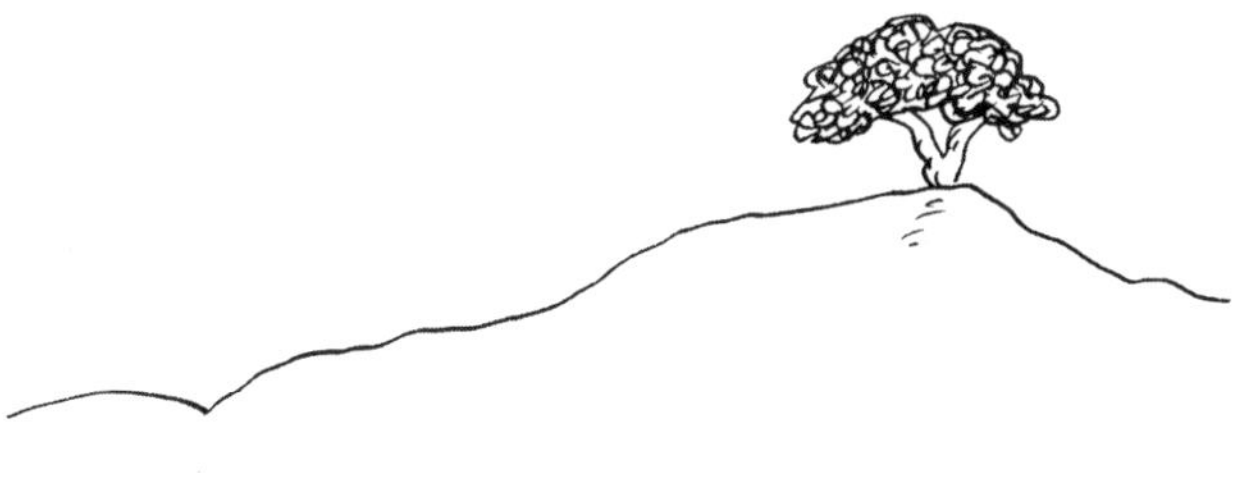

「今は、不安しかありません。旅と言われても、どこへ向かうのかわからないから」

私は正直な気持ちを口にした。理解できない状況に少しイライラしはじめていたかもしれない。

「なるほど。**目的地がわからないから不安だ**と君は言うんだね。

たしかに、右か左か、進む方向は大事だ。

それを決めなければ前に進むことができないからね。

しかし、じつのところ、目的地は大した問題ではない」

「旅なのに、目的地はどうでもいいんですか？　じゃあ、右なのか左なのか、どっちへ行けばいいのですか？」

老人がよくわからないことを言うので、私のイライラはさらに増す。

「君の行きたい方向へ行くんだ。この旅ではいくつかのルールがある。徐々に説明していくが、これが最初のルールだよ。**君は、君の行きたい方向へ行く。**私は何も指示しないし、教えない」

「**ここがどこかもわからないのに？**　行きたいところなんてわかりません。道を間違えたらどうするんですか？」

「そうだね。間違えることもあるだろうね」

老人ののんびりした口調にイライラが爆発した。

「間違えたら時間の無駄じゃないですか！　目的地がわからないまま旅をするなんて、バカげています！　やっぱり、こんな旅やめます。元の世界に返してください！」

「そうか。間違うのはバカみたいか。では逆に、間違いを犯さない人間は賢いと君は思うのかね？　目的地までの正しい道順を知っていて、そのとおりに進んでいく。それが賢さなのだろうか」

「そりゃあ、そうでしょう。計画どおりにきっちりと、間違えないように進んでいくのが賢いということだと思います」

「それじゃあ、自分を賢いと思っていたある男の話をしよう」

＊＊＊

自分の愚かさを知らなかった賢者の話

ある男がいた。

彼は、自分以外の人は、どうしてこんなに間違いばかりを犯し、愚かなのかといつも憤慨していた。だから彼のまわりに人は寄り付かず、彼はいつも孤独だった。

そこで彼は、自分と同じくらい賢い友を探すと言って旅に出た。ここではないどこかに賢い友がいるだろうと期待して。

彼は、行く先々で人に出会えば必ず議論をふっかけた。

相手がどれほど賢いかを試すためだ。

彼は、相手とは必ず反対の立場に立った。
相手を打ち負かすためだ。
ある人が戦争はよくないと言えば、戦争の必要性を説いた。
別の人が戦争をすべきだと言えば、戦争はよくないと反論した。
彼は必ず相手を打ち負かし、得意げにその場を去った。

そうして長い月日が経ったが、どこへ行こうが変わらず彼に友は現れなかった。
だから彼は、自分と同じくらい賢い人間はやはりいなかったと嘆いて最期の眠りについた。

彼は間違わなかったが、知らなかったんだ。
ほんとうはいつも自分が恐れていたことを。
自分より優れた人間などいませんようにと心の中で願いつづけていたことを。
そして、彼の望みは聞き届けられていた。

彼は一生を孤独に過ごしたから。

しかし彼は、人生をかけて愚か者を探しつづけたに過ぎない。

議論を好む愚か者を。

自らの賢さの証明となる愚かな相手を。

＊＊＊

ほんとうに賢い人間は間違うことを恐れない

「君は、この男が賢いと思うかね？

間違いを恐れる人は、かえって愚かなふるまいをしてしまうのだ。

大切なのは、間違いを恐れるのではなく、間違いを犯す自分を正していく勇気を持つことなんだよ。

ほんとうに賢い人間は、間違うことを恐れない。

気をつけなければいけないのは、愚か者を賢者だと思い込んでしまうこと。世の中では愚か者が称《たた》えられ、賢い者が蔑《さげす》まれているように見えることがあるからね。

耳をすませてごらん。

愚かな人の声は大きく、賢い人の声は小さい。

社会で正論だと大きく叫ばれていることには、じゅうぶんに気をつけたほうがいい。

真実というのは、多数決や声の大きさで決めるものではないのだから。


昔の人はみんな、空が地球の上を回っていると信じていた。

『地球が回っているんだ』と一人の若者が言ったとき、愚かな人々は彼を笑った。そして、自分たちを守るため、若者を牢屋に入れてしまった。

けれど、真実を語っていたのはどちらだろう?

この世界は真実を見失う危険をつねにはらんでいるんだ。

賢さとは、自らを疑うこと。知性は、真実への謙虚さを抱くときにはじめて生まれるということをよく覚えておこう。

君には、この旅で間違うことに慣れてほしい。

間違いは怖いものじゃない。

ほんとうに怖いのは、愚かな声に流されること。そして、自分では何も決められなくなることだ」

心の鏡が汚れていると世界も汚れて見える

「でも、間違うことがわかっていて、自分の選んだ道をどうして信じることができるのでしょう。間違うくらいなら、最初から先に進まないほうがいいのではないでしょうか」

目の前には分かれ道があった。

右なのか左なのか。自分で決めるように言われたが、私は決められなかった。

私の行きたいところへ行けばいいと老人は言うが、そうなるとますますわからない。

「なるほど。間違うことがわかっているのなら、何もしないほうがいいということだね。

たしかに、それは安全な生き方なのかもしれない。

しかし、間違わない代わりに、正しいこともできないのではないだろうか。

自分にとって重要な、人生をかけて成し遂げたいことさえ何も実現しない。

はたしてそれは、生きていると言えるだろうか？

人はたしかに間違う。しかし、間違うことを知っているからこそ、正しい努力を重ねることもできる。

正しい道とはね、正しい努力をして歩いてきた道のことを言うんだよ。選んだ道を信じられるかどうかは、自分が重ねてきた努力の量が決めるんだ。

この世界には、絶対に正しいものも、絶対に間違っているものもない。あるのは、自分の選んだ道を正解だと信じられる自分。そして、正解にするために、努力をする自分だけなんだよ」

「どちらの道を選んでも、**私がその道を信じるしかない**ということですか」

「そのとおりだ。自分で自分を信じると決めて、前に進むことが大事なんだ」

老人の言おうとしていることはなんとなくわかった気がした。

思い切って、右の方向に進む。

「それで大丈夫だ。選んだ道の途中で、ときには危険な目にも遭うかもしれない。だから、この旅を安全につづけていくために、君はある道具を持っている。心の中にある鏡だ」

「鏡？」

私は自分の胸のあたりを覗《のぞ》き込む。

「**鏡は、目には見えない。けれど誰の心の中にもある。**正しい判断のできる人は、その鏡をいつも磨いているんだ。

人はみな、その鏡を通して世界を見ている。鏡が汚れていると、世界も汚れて見えてしまう。鏡の汚れに気づかずに、世界が汚れているんだと決めてかかると、人はすべての判断を間違える。多くの人が、自分の鏡を磨くのを忘れて、間違いを犯しているんだ」

＊＊＊

美しい娘と悪魔の話

ある家に若い娘がいたそうだ。
とても美しい娘だと人々は噂をし、若い男たちが何人も彼女を訪ねていった。
しかし、娘は決して家の外に出ようとしなかった。
だから、その姿を見ることができた者はただの一人もいなかった。

腹立ち紛れに一人の若者がこう言った。
見るほどの価値もない娘なのさと。
世間の人もそのうち言うようになった。
醜い娘に違いないと。
化け物かもしれないと。

とうとう、娘は悪魔だという噂が立った。
悪魔を恐れた村の人は、娘を村から追い出してほしいと牧師に頼んだそうだ。
そして牧師は村の人の願いを聞き入れ、彼女を追放することに決めた。
牧師は悪魔を退治するための剣を持って娘の家に行き、その姿をついに目にした。

扉の向こうには、目を血走らせた悪魔が立っていた。
鋭い剣を持った恐ろしい悪魔だった。

しかし、牧師は気づいたのだ。
そこにあるのは、一枚の大きな鏡だということに。
牧師は恐ろしい顔をした自分の姿をまじまじと見た。

牧師は悟った。
ここに悪魔はいなかった。
悪魔は、罪のない誰かを裁こうとした私の心の中にいるのだと。

＊　＊　＊

正解は歩いてみなければわからない

「自分で道を選ぶことは、旅をつづけていくうえでいちばん大切なルールだ。このルールをしっかり守っていれば、**君は必ず目的地にたどり着ける**。どんな道のりになるか、はたまた旅の途中で何に遭遇するか、それはこれからのお楽しみだけれどね。どんな旅かイメージできたかい？」

「まだよくわからないけど……でもふつうの旅じゃないってことはすごくよくわかりました」

「ははは。そうだね。まったくふつうの旅じゃない。でもだからこそ、**今まで行けなかったところへ行ける**」

私は、「間違うことに慣れろ」と老人が言ったことについて考えた。

これまで生きてきて、間違いをしたら必ず咎《とが》められた。間違いをしないことが優秀さの証《あかし》なのだと教えられてきた。

間違えるのは何よりも怖いことだった。

だから、間違えそうなときは、誰かに判断を委《ゆだ》ねた。

間違うとわかっていても、道を自分で決めるというルールは、私にはやっぱり難しい気がした。けれど一方で「自分で決めてもいい」というのがワクワクすることでもあると感じていた。この道が自分をどこへ連れて行くのか想像することも、なんだか楽しかった。

「いいかい。迷うときは、自分の心の鏡を使うんだよ。

そこに映し出されたものを注意深く観察して、次の道を決めるんだ。

人が決めてくれるのを待っていてはいつまでも進めない。

進めば見える。進まなければ何も見えてこない。

それにしても、人はなぜか歩き出す前に正解を知りたがる。そして、目の前に誰かが置いていった『正解のようなもの』に飛びつく。多くの人はこうやってほんとうに行きたい場所には行けずに人生を無駄にしてしまうんだ。

道を選ぶときは、足跡の多い道ではなく、眺める景色の美しさを判断基準にするとよいだろう」

生きているうちに、しておきたかったことはなんだろう？

「どんな道を選んでもリスクがある。**それでも君は、何かを選び、前に進まなくちゃならない。**これも旅のルールの一つだ。

それじゃあ、君が抱えているリスクのうち、**最大のリスク**はなんだと思う？」

「うーん……」

私は考え込んだ。

「それはね、**目的地にたどり着かないうちに、この旅が終わってしまうこと**なんだ。どんなことにも時間制限はある。君が悩んでばかりで歩き出さないと、どこにも行けないで終わってしまうかもしれない」

老人は、残念そうな顔をしてそう言った。

旅には終わりがある。時間には限りがある。老人にそう言われてはっとする。

考えてみればあたりまえのことだった。

私にはどれくらいの時間があるのだろう。ほんとうに目的地にたどり着けるのだろうか。気持ちばかりが焦る。

この世界にはどれくらいの時間いられるのか、私はそれを老人に聞こうと思ったが答えてくれない気がした。だからその質問を飲み込んだ。その代わりにずっと気になっていたことを聞いてみた。

「以前、あなたはここが人生をリセットするための分岐点だと言いました。どうして私はここへ来たのでしょうか？　もしかして私は死んでしまったのですか？」

聞いていて自分でも間抜けな質問だと思ったがしかたがない。

「おやおや、自分がどうしてここにいるのかだって？　生きているのか死んでいるのかもわからないのか。困ったね」

老人はからかうように言った。

「大丈夫だ。**君はまだ死んではいない。まだね。でもいつかは死ぬ。必ずだ。**それは遠い未来のことかもしれないし、今日か明日かもしれない。人間は誰でもいつかは死ぬんだ」

「いつかは死ぬことぐらいはわかっています」

老人が子どもを諭すようにあたりまえのことを言うので、私は少しぶっきらぼうに返した。

「おやおや、ほんとかね。さっきは自分が死んだのかと私に聞いたじゃないか。すでに死んでいたって気づいていないかもしれない」

「え!?　やっぱり私、死んじゃったんですか？　ここは死後の世界？」

「まあ、落ち着きなさい。君は生きているよ。けれどね、新しい旅に出るときは死んだつもりではじめるのがいいだろう」

「死んだつもりで……？」

「そうだ。目を閉じて想像してみるんだ。自分は死んでしまったんだと。生きている間にしておきたかったことが心に浮かんでこないか」

私は言われたとおりに目を閉じて、自分が死んでしまったところを想像してみた。

でもうまくできなかった。頭は真っ白だったし、何も浮かんでこなかった。

「それから、目を開けて現実を見る」

老人に言われたとおりに目を開けた。目の前に老人が立っているだけだった。

「よかった！　まだ生きている！　人生をやり直せる！　ほんとうにやりたかったことができる！」

老人は突然大きな声になって、私の肩をパンパンたたきながらうれしそうに言った。

「死んだつもりになるっていうのはこんな感じだ。どうだい？　やる気になったかい？　私はこれを毎朝やっているよ。毎朝私は死に、毎朝生き返るんだ。すばらしい人生だよ」

私は「ついていけない……」という顔をしてしまった。

他人に人生のハンドルを委ねてはいけない

「想像力を使えるようになるには、もう少し修行がいるだろう。君の想像力はまだ錆《さ》びついているみたいだ。でもじきに使えるようになる。私が今言ったことがちゃんとわかるようになる」

私の戸惑った表情に気づいたのか、老人は励ますようにそう言った。

「そうなのですね……。私、自分が誰だったのか、どこで何をしていたのか、何も覚えていないんです。頭の中が真っ白になっているというか……。それも私がここに来た理由と関係があるのですか？」

「そうだ。この旅をはじめるときは、一度すべての人が0になる」

老人は、ゆっくりと言った。

「0になる？」

「自分が何者だったのか。肩書きや地位、名前さえも、この旅をするうえでは重要なことじゃない。重要なのは、これから君が何者になっていくのかということだけだ。絵がぎっしりと描かれたキャンバスにそれ以上絵は描けないだろう。ほんとうに欲しいものを手に入れるためには、白いキャンバスがいる。**現在のマイナスを、未来のプラスにするためには、必ず0を通らなければならないんだ。**

さっき、君は生きていると言ったが、正確には、現実世界での君の人生は一旦停止になっている。死んだわけじゃないが、死んでいるのに似ている状態だ。その代わりにこの世界で生きる時間を与えられている」

「はあ……」

どうしてそんなことになったんだろうと首をかしげる私をよそに、老人は説明をつづけた。

「それでだ。君がどうしてここに来たのかというと、君が自分の人生をやり直したいと強く望んだからだ」

老人がそう言ったとたん、頭の中を黒い影のようなものが覆った。怖くなって思わずぎゅっと目を閉じる。何かとても恐ろしいことを思い出してしまいそうだった。

「今、何かとても嫌なことを思い出しそうになりました」

言いながらも、恐怖で体が震えてしまう。

「落ち着いて。それは嫌なものなんかじゃない。大丈夫。君は安全だ。目を凝らしてそれをもう一度見てごらん」

頭の中で、黒い影が生きているかのように波打っている。大きくなったり小さくなったり、薄くなったり濃くなったり。それをしばらく見つめているうちに、恐怖心は消えていった。

「今、君が見ていたのは、君が溜め込んできた不安や恐怖だ。君には怖いものがたくさんある。君の中でそれらはどんどん力を持ち、あるとき君を飲み込んだ」

「それで私は……」

「黒い影に飲み込まれた君は、自分では何も決めなくなった。何も行動しなくなった。自分の人生の舵取りを放棄した」

老人は、淡々とつづけた。私を落ち着かせるようにゆっくりとした口調で。

「君は、ただ一日をやり過ごすだけだった。そのうちに命の終わりが来る。別にそういう生き方も悪くはなかったかもしれない。でも、君の心からの望みは違っていたんだ。君は願った。やり直したいと。残っていた最後の意志で、人生を変えることを選択した。だからここに来た。

ここは、自動車免許の教習所みたいなものだと思ってもらえばわかりやすいだろう。**車の運転と同じように、人生を乗りこなすにも練習が必要なんだ。**ここでは、君みたいに運転の下手な人が訓練を受けることができる。

人生という旅では、他人にハンドルを委ねるくらいなら、下手でも自分で運転したほうがいい。**人が車酔いするときは、いつだって他人にハンドルを委ねたときなんだ。**自分で運転する人は車酔いなんかしないからね。

じつは、あまり知られていないけれど、ほとんどの人間が一度はここに来ているんだよ。元の世界に戻ると、ここで体験したことはほとんど忘れてしまうのだけれどね」

老人は懐かしそうに目を細める。

「永遠につづくかと思えるが、通り過ぎてしまえば一瞬。ここはそういう場所なんだ」

老人の説明が終わると、黒い影が頭から消えていた。

「影はもう消えただろう?」

老人が、私のほっとした顔を覗き込んで言った。

「はい。でも、どうしてですか」

「いいかい。**影は、影のままにしておくからどんどん大きくなってしまう。**影の存在に気づいたら、光を当ててよく見るんだ。それがなんだったのか。どういう感情だったのか。そして、それらを自分の言葉で定義し直す。言葉を与えられた影たちは、安心し、おとなしく消えていく。


言葉は光だ。君は自分の言葉を持っている。君は、君自身の闇を照らすランプになれる。君の中の光を忘れないように」

私は、頭の中に押し込められていた黒い影たちのことを考えた。

あれほど怖いと思っていたのに、今は愛おしいとさえ思いはじめていた。

「感情はすべて大事だ。恐怖心さえも。本来はマイナスもプラスもない。人間は都合のいいものだけを大切にしてしまうがね。どんなに扱いづらくても、ていねいに読み解いて意味を与える。そうすれば、すべての感情が自分の力の源になる」

「影のおかげで私はここに来られたんですね。人生をやり直すチャンスをもらえたんですね」

私は自分に言い聞かせるように言った。

「さあ、前に進もう。時間は大切に使いたい」

必要なのは目的地ではない、今いる場所だ

「ここを出たら、私は人生を変えることができているのでしょうか」

「断言しよう。君には人生を変える力がある。けれど、君に与えられたここでの時間は、つらい修行なんかじゃない。美しい景色を眺めること。新しい人やもの、感覚との出会い。そのすべてが君を変えていく」

私は老人の言葉を心からは信じられないでいたが、とにかく前に進んでみようと思

いはじめていた。

「君はさっき『ここがどこかもわからない』と言ったね。だとしたら、**今、君に必要なのは目的地じゃない。今いる場所がどんなところなのか知ることだ。**それがわからなければ、地図もコンパスもなんの意味も持たない。**今いる場所を知っているのは君だけだからね。自分が行きたい場所は、進めばわかるようになる**」

老人の言うことはやっぱりよくわからない。私はため息が出た。

「気づいたらここに立っていたんです。ここに来たのははじめてだし……。今いる場所を知っていると言われても」

途方に暮れる私の姿に、呆《あき》れたような顔をして老人は言った。

「おやおや。それは問題だね。自分がどこに立っているのかほんとうにわからないのかい？

居場所がわからないなら自分に聞いてみよう。

ここがどこなのか。自分はどんな道を歩いてここに来たのか。そして、どこへ行きたいのか。自分に『問う』のだ。

この旅で、君には自らの問う力を磨くことも学んでほしい。問う力の重要性を知っている人が、ほんとうの賢さを身につけていると言えるだろう。

そもそも間違った問いには、間違った答えしか出せない。正しい問いは、人を幸せに導くが、間違った問いは、人を迷わせる。

たとえば君は『自分が正しい道を選べないのではないか』という問いを立てた。残念ながらそれは間違った問いだ。その問いに答えようとすればするほど、君は、自分が正しいことができない証拠を集めることになる。愚かな友を探しつづけたあの賢者のように。

君が立てるべき問いはこうだ。

『自分には何ができるのか』

この問いに答えようとすればするほど、君には可能性が見つかる。

この旅では、今できることだけに集中すればいい。迷ったら、一歩でも前進する道を選ぶんだ。十年後や二十年後の結果を心配する必要はない。大切なのは、つねにこの一瞬なのだから。**今にまさる重みを持つ、過去も未来もこの世界には存在しない**」

老人にそう言われて、乾いた地面の上をひたすら進む。

右、左、右、左、とにかく足を前に出す。この歩みが自分をどこかすばらしい場所へ連れて行ってくれる予感とともに。

遠くのほうで煙が立ち上っていた。あそこには、人が暮らしているんだと思った。

「今と向き合う覚悟をした者は、自分の未熟さを目の当たりにするだろう。自分の中の鏡をはじめて覗き込むことになるから。それは、ときに苦しいことかもしれない。足りないものが多すぎて運命に呪われているとすら、考えてしまうかもしれない。そう思うときこそ、自分という鏡を磨こう。そこに映るものが曇らないように」

「私にできること……。いつか私にもわかるようになりますか」

「もちろん。しかし、それを知るためには、まだまだ歩かなくちゃならない。自分で選んで進んでいこう。選択と結果の間にはタイムラグがある。焦らないことだ」

私は頷き、歩みを進めた。

乾いた地面が、ザッザッという音をたてた。

3…私には価値がある？

自分の心を大切に扱う練習をする

どれくらい歩いただろうか。ずいぶん遠くまで来た気がする。でも、不思議と疲れはなかった。

いつのまにか私は森に入り込んでいた。

あたりを見渡すと、青々とした木々に囲まれている。遠くで水の流れる音もする。
そして、ここにあるものは、なんでも美しく見えた。木々の一本一本、道端の石ころにさえ心が動かされる。すべてがきれいだ。現実の世界で、私はこんなふうに自然を眺めたことがあっただろうか。考えてみたけれど、やっぱり思い出せなかった。

後ろを歩いていた老人は、少し前からいなくなっていた。

「老人が挨拶もなく消える」というのも私がこの旅で受け入れなければいけないルールの一つなのだろう。

そんなことを考えながら歩いていると、右のほうから聞き慣れた声がした。

「ずいぶん歩いたことだし、少し休まないか」

老人が切り株に腰かけていた。

「老人は突然現れる」というルールも書き加えておこうと思った。

私は老人に近寄っていき、そばに座り込んだ。

「ここはとてもきれいなところですね。歩くのが楽しいです。歩けば歩くほど、足が軽くなっていきます。引力が遠のいていくように」

私の言葉を聞くと、老人はうれしそうに目を細めた。

「歩くことを楽しんでくれているようでよかった。それこそが旅の醍醐味であり、魔力でもある。

旅をはじめてすぐは、誰にもあふれるようなエネルギーがある。目新しいものを見つけては、そこに駆け寄っていく。新しいこと、ワクワクすること、美しいこと、正しいことが私たちを魅了する。

それを追いかけていくと、どこまでも歩いていけそうな気がする。そして、きっとすぐにでも目的地にたどり着けると勘違いしてしまう。

しかしだ。あまり大急ぎで進んではいけない。自分の居場所がわからなくならないように。間違った方向へ全速力で行くことのないように。足取りはできるだけ小さく、進むべき道が正しいか、つねに問うことを怠らないよう。それが旅の鉄則だ」

「自分が行きたい場所は、進めばわかるようになるとあなたは言いました。でも、私は今、考えれば考えるほどどっちへ行きたいのかわからなくなっています。どうしたらいいんでしょうか」

「なるほど。いいだろう。そろそろ歩き方のコツについて話しておこうか。

一つ質問しよう。

君は、人生を変えたかった。じゃあ、どんなふうに人生を変えたいんだろうか。

ちなみに、この問いに正解はない。どんな答えでもいい。君の言葉は、すべてに意味を与える大事な道具だ。この旅において**君の発言はすべて重要だ**と思ってほしい」

私は、少し沈黙して答えを探した。

「多くのものは望んでいません。ただ、前よりは少しマシな自分になっていたいです」

あまりにも情けない答えで、最後のほうは声が小さくなった。

「君の発言はすべて重要だと言っただろう。どんな考えでもいいんだ。口に出すのが嫌なら、ノートに書きなぐってもいい。ここでは、君の中にある思いや考えに言葉を与えることが大事なんだ。大丈夫。君の言葉を誰も否定しないし、君の言葉で誰も傷ついたりしない」

私は、いつからこんな自分になったのだろうと考えた。

いつも自分で自分を否定してしまう。心が何かを感じると、「そんなこと思ってはいけない」と頭の中で否定する。否定するたびに心は小さくなって、いつのまにかなんにも言わなくなっていた。

「君は、自分の心を大切に扱う練習をしたほうがいいね。もう少していねいに読み解くんだ。**君の心は、もっと君に読み解いてもらいたがっている。**そこに次の道を決めるヒントがある」

＊　＊　＊

ライオンをつないでいた杭の話

あれはいつのことだったか。

旅の途中で広い草原に出たことがある。

そこで私は一頭のライオンを見た。立派なたてがみを持った大きなライオンだ。

そのライオンの前を一匹のウサギが通りかかった。私はきっと、ウサギは食べられてしまうだろうと思った。

ところが、ライオンはウサギに飛びかからなかったんだ。私はライオンにたずねた。

「お腹がいっぱいだからウサギを食べないのかい？」

「いいや。腹ペコさ」

と、ライオンは悲しそうに言った。

「ウサギは好きじゃないのかい？」

「いいや、大好物さ」

ライオンの腹がぐーっと鳴るのが聞こえた。

「じゃあ、なんで食べなかったんだい？」

私がそう言うと、ライオンは自分の足元を見つめた。私もライオンの足元を見た。ライオンの足は杭につながれていたんだ。でも、その杭は驚くほど小さかった。

「その杭のせいで動けないのかい？」

「そうなんだ。小さいころからずーっとつながれてるんだ」

ライオンは、そんな杭をいとも簡単に引っこ抜けるほど、自分が大きくなっていることに気づいていなかったんだ。

＊＊＊

頭ではなく、心にたずねなさい

「ライオンを動けなくしていたのは、杭じゃないとわかるね。小さいころに体験した恐怖だよ。

恐怖心は、放っておくとどんどん力を持つ。けれど、冷静なときに、時間をかけてそれを読み解けば、自分がそれを手放せることに気づくだろう。

今の君はあのライオンに似ている。自分の感情を認めるんだ。それがどんなに嫌なものでも。そうしないと、その感情が君をだんだん動けなくしてしまう。

頭ではなく、まず心にたずねる。心の言い分を聞いてあげるんだ。その習慣は君が何かを成し遂げていくのに必ず助けになる。小さな杭を恐れることはなくなる。

それじゃあ、もう一度、聞くよ。どんなふうに人生を変えたいんだい?」

私は、どんなふうに人生を変えたいのか。自分が何を望んでいるのか。心で感じようとした。いくつかのぼんやりとした感覚がわいてきた。その感覚を言葉にしてみようと思った。

「私は、誰とも比べられたくない。誰の目も気にしないで自分らしくありたい」

「いいね。その調子だ」

老人は、なんだかうれしそうだった。

「君の心は、ちゃんとすべてを知っているんだ。君がほんとうはどんな人間で、どうありたいのか。どこへ行けばいいのか。理屈じゃない。まず、心を見つめることからはじめるんだ」

なんとなくわかる気がした。老人はつづけた。

「道の歩き方には二種類ある。

一つは目的地までより早く進んでいくための歩き方。そしてもう一つは、『内なる声』を聞いて、それに従うという歩き方だ。

『内なる声』のことを直観やインスピレーションと呼ぶ人もいるね。でも、名前はどうだっていい。目に見えなくてもその声の存在を私たちはたしかに感じている。しかし、多くの人がその声を無視してしまうんだ。なぜか。それはね、ときどき『内なる声』が遠回りするように要求してくるからだ。人は遠回りが嫌いだからね。

そして、『内なる声』は自分以外の誰にも聞こえない。誰にも証明することができない。すべてが自分の責任だ。人はそれを恐れる。

目的地が決まっているときには、急いでそこへ向かえばいい。目的地までの距離や時間を計算し、その道が正しいと言える証拠や根拠を集めて道を決めるんだ。けれど、もう君もわかっていると思うが、この旅では目的地が示されていない。だから、一つめのやり方は使えない。君がさっき、考えれば考えるほどわからなくなると言ったのはおそらく、一つめの方法で歩こうとしたからではないだろうか。

頭を切り替えよう。

ここでは、二つめの方法を使うんだ。

『内なる声』を聞こう。君にはたしかにその声が聞こえている。やはり私が見込んだだけのことはある」

老人にほめられて、私は思わず照れてしまう。

「さて、もう一度、君がどんなふうに変わりたいか考えてみよう。その答えが、君が歩いていく道を決める『内なる声』だよ」

静かな場所で「内なる声」を聞く

どんなふうに変わりたいのか……。

私の中をいろいろなイメージがめぐる。

人からうらやまれるような才能があって、ありあまるほどのお金もあって、見た目だってもっと美しかったら……。

口にはしていないのに、老人は呆れた顔をしてこう言った。

「おやおや。それはほんとうに君自身の中から聞こえてきた声なのかな。

『内なる声』は欲望に邪魔される。

欲望に惑わされてはいけないよ。

まずは、静かなところへ行って、聞く準備を整えることだ。

『内なる声』は静かで、そしてたいていは、たった一つの大切なことを君に告げる。

一方で、欲望は騒がしい。才能やお金や美しさ、君が欲しいものは無数にあるだろう。それは際限がない。一〇〇ある欲望のうち、九九まで捨てるぐらいの心構えでいたほうがいい」

「多くのものを望みすぎると不幸になるということですか？」

「そういう言い方もできるかもしれない。けれど、この旅にはもう少し深いルールがある。

この旅は、何かを得ようと思えばいくらでも得られる。**でも、ほんとうに欲しいものを手に入れるには時間が足りない**。長いようでいて、とても短い旅なんだ。

私の友だちにすぐれた冒険家がいる。冒険家は、旅のプロだ。旅には何が必要か。どんなふうに彼が歩いてきたか。彼に会って聞いてみるといい」

＊＊＊

強さを求めつづけた冒険家の話

彼ほど勇敢な人間を私は知らない。

けれど、子どものころの彼は、とても臆病者だった。体も小さく、しょっちゅういじめられていた。彼の両親は、そんな彼を心配して山に登ることを教えた。自然に触れて、彼に強さを学んでほしかったのだ。

自然という有能な教師に鍛えられた彼は、みるみるたくましい若者に成長した。

しかし、若さが彼を惑わせた。

彼は次第に、危険な冒険をするようになったのだ。

彼が求めていたものは強さの証明、それだけだった。危険な冒険がそれを自分に授けてくれると信じていた。

強さを証明するためだったら、彼は死んでもいいとさえ考えていた。

世間の人は語り継いでくれるだろう。死をも恐れなかった彼を勇敢だったと。

そして、彼の強さを称えるだろうと。

あるとき彼は、これまでいちばんの危険な冒険をはじめた。

誰も登ったことのない世界一高い山へ、たった一人で登りはじめたのだ。

冒険は困難を極めた。

彼は何度も死にかけた。死に物狂いで山頂にたどり着いたとき、彼は、足を一本と手の指をすべて失っていた。満身創痍の彼は、これでもう死んでもいいと思った。死ぬことさえ恐れなかった自分は、ついにもっとも大きな強さを手に入れたのだと思った。

しかし、山頂で朝日が昇るのを見たときに、彼は悟った。

自分は、生きて山を下りねばならないと。


凍え切った彼を暖かい陽の光が照らしていた。

自分は、生きているのだ。

こんなに恐ろしい山を登ってきたのに、まだ生きているのだ。


なぜだ。なぜ生きている。

虚空に向かって問いかける。

彼には痛いほどわかっていた。

彼が生きているのは、彼が勇敢で強いからじゃなかった。

自然が彼を生かしてくれたからだ。どんなに凍えようとも、陽の光が彼を温めたからだ。そうまでして、彼に教えていた。生きろと。

自然はやはり有能な教師だった。

彼は、自分を死なせてはいけないと思った。

自然が彼に教えたほんとうの強さは、自分を愛することだった。

＊＊＊

誰でも、失ってはならないものがある

「望むものを手に入れようと努力することは大事だ。

けれど人は、何かを手に入れることと引き換えに、いちばん犠牲にしてはならないものを傷つけることがある。

くだらないものを手に入れるために、唯一のものを手放すことのないように注意をはらわねばならない。さあ、彼の家についたよ」

森の中に一軒の古びた山小屋があった。

ドアをノックしてみるが、人の気配がない。

「あれ、留守のようですね」

「彼のことだ。また冒険に出てしまったのだろう。愛する自分を楽しませるために」

山小屋の扉には、こんな文章が刻まれていた。


――旅人よ、すべての道が君を祝福している。

◎人生の目的地を他人に聞いてはいけない

キムです。

旅を楽しんでくれていますか。

「自分が行き先を決める」というこの旅のルール、みなさんはどう思いましたか？

老人は繰り返し、「君の行きたい方向へ行くんだ」と言っていますね。

旅の案内役のはずなのに、目的地を教えてくれと言っても全然教えてくれない。困った案内役だと思っている人もいるのではないでしょうか。

今、あなたのそばには、目的地のようなものを示してくれる人がいるかもしれません。彼らは、こちらに行けば間違いないと親切顔で教えてくれるでしょう。けれど、彼らが示しているのがほんとうの目的地であることはほとんどないのです。

私がもし、あなたに「どちらの道を進むのが正しいか」と相談されたら、老人と同じように答えるでしょう。

「あなたの行きたい方向へ行くしかない」

なぜなら私は、あなたの目的地がどこなのかを知らないからです。また、それをあなたの代わりに決める権限もありません。あなたが決めた目的地にたどり着くための道については、なんらかの助言ができると思いますが、目的地を決めるのは、あなた自身でなければならないのです。

目的地は、旅の主人公が決めること。

それが人生という旅のルールなのです。

人生には、最初から決められている目的地はありません。目的地とは歩きながら自分で獲得していくものです。そう、目的地は途上にある。でも老人が言うように、人は歩き出す前に目的地を知りたがります。この主人公のように、間違うことを恐れているからでしょう。

私自身は、あるときから、できるだけ計画しないで人生を過ごそうと決めました。そのほうが、今この瞬間に集中できることに気づいたからです。

目標を持って、それに向かって努力していくことはすばらしいことです。その生き方を否定しているのではありません。

けれど、努力の渦中で、その目標はほんとうに正しいのか。そのことを真剣に考える人は少ないように思います。

私たちは未熟です。真実というものにはなかなかたどり着けません。

未熟な自分が目標を立ててしまい、そこへ向かう以外のことは何も見ないで進むのは、とても危険なことだと思います。

計画を立てすぎることは、焦点の合わないメガネをかけて生活するようなものだと思います。目の前のものの輪郭を失い、ぼんやりとしか見えなくなるのです。美しいものがあっても、楽しいことがあっても、それに気づくことができない。これはちょっとつまらない人生ですね。

そして、つまらないということ以上に怖いのは、落とし穴とか、暴走してくる車とか、そういった危険にも気づきにくくなるということです。

遠くのことは考えない。ただ目の前のことだけに集中することは、世の中を無事に渡り歩いていくための知恵だと私は考えています。

だから私は、あまりみなさんに人生の計画を立てすぎてほしくないのです。

人生という旅を無事に乗り切るために。

「あなたが今行きたい方向へ行くしかない」

迷っているあなたには酷かもしれませんが、それが、自分らしく生きていくための唯一の方法であるように思います。

けれど、あなたの助けになるかもしれない真実をつけ加えましょう。

今、目の前にあるもののうち、いちばん大切なことをやりつづけていれば、それが必ずいい方向へ自分を連れて行ってくれるということです。

これはかつて私が、私の行きたい方向へ進んで気づいたことです。

4…私は自分を好きになれる？

「自分の履いている靴」を点検する

「アイタタタ……。ちょっと足が痛くなってきました」

「おや、それはいかん。少し休もう」

老人と私は、木陰で休むことにした。

自分の足を見ると、靴底が磨り減って靴が破れかけていた。

「自分を愛することは、旅の前に丈夫で歩きやすい靴を履くことに似ている」

老人が、ふいに語りはじめた。

「人は、恐れや悲しみという靴を履いて旅をスタートさせることもできるが、それじゃあじきに足が痛くなる。恐れや悲しみという靴は、案外脆《もろ》いものだからね。

自分への愛、自分への信頼というものは、一度履いたら一生使える丈夫な靴に似ている。

じつは、生まれたとき、私たちはみんなその靴を履かされて生まれてくる。未来永《えい》劫《ごう》使える完璧な靴を。

けれど、その靴を履きつづける人は少ない。あまりに忙しくて靴を手入れする暇がないからだ。手入れが面倒なので、手近にある『見てくれのいい靴』をひっかけて外へ飛び出す。それでよけいに足が疲れるんだよ。

足が痛くなったら、自分の履いている靴を点検することだ。君が今、履いているのはどんな靴だろう。それは、どこまでも歩いていけるくらい丈夫な靴だろうか」

破れかけた靴をあらためて見て、ぎくりとする。

「靴のことなんて考えもしないで出てきてしまったので……。よく見るとボロボロでした。今まで気づきませんでした」

老人はにっこり笑った。

「ちょうどいい。この森を抜けると町がある。そこに評判の靴屋がいるんだ。君の靴を直してもらおう。一生使える丈夫な靴に」

＊＊＊

自分の国が嫌いな王子様の話

その靴屋の評判を聞きつけた遠くの国の王子が、靴をつくるように命じたそうだ。

その王子は、旅行が好きだった。

自分の国にいるよりも、外国で珍しいものを見てまわることのほうが多かった。

自分の国は退屈で、おもしろいものなんかないとよくこぼしていたんだ。

自分の国で戦争が起こりそうなときも、遠くの国で評判の料理を食べていた。

王様が病気になったときも、遠い国で人気のダンスショーを観ていた。

その王子は、もっといろんなところへ出かけていくために、その靴屋の靴が欲しかったんだ。それで、この国に旅行に来たときに、その靴屋を訪ねた。

王子は、世界中で自分が見てきた珍しいもの、美しいもの、おもしろいものを得意げに靴屋に語って聞かせた。

ニコニコと話を聞いていた靴屋は、王子にこう質問したという。

「それで、王子様。あなたの国はどんな国なのですか。あなたの国のいいところはどんなところですか？　私は、あなたの国のことがもっと知りたいのですが」

王子は黙り込んでしまった。外国で遊ぶことに忙しくて、自分の国について何も知らなかったからだ。

そしてごまかすようにこう言った。

「小さな国だ。資源だって乏しい。いるのは老人ばかり。若者はみんな外国へ行きたがるんだ。なんにもない退屈な国だよ」

それを聞いた靴屋は残念そうな顔をしてこう言った。

「申し訳ありません、王子様。

うちは靴屋ですが、浮き足立った足に履かせる靴はありません。

まずはご自分の足元を固めてからおいでくださいませ。

自分の居場所を愛せない人は、どんな場所もどんなものも、ほんとうには愛せないものなのです」

そう言われて王子はすごすごと自分の国へ帰ったそうだ。

＊＊＊

「その夢」はほんとうに「あなたの夢」か？

「世の中に魅力的なものはたくさんある。愛すべきものもたくさんある。けれど、足元を見てごらん。自分のことを人はどれだけ知っているだろうか。どれだけ大切に扱ってきただろうか。大切にするためには、まず知ることだ。知ろうとすることは、愛することだ。

さあ、靴屋についたよ」

「私は追い返されたりしないでしょうか？」

「どうかな？」

そう言って、老人はちょっといたずらっぽく笑った。


靴屋で靴を新品みたいに直してもらった。

帰り際に、靴屋のご主人は私にこう言ってくれた。

「鍛えれば鍛えるほど強くなるいい靴です。大事になさってください」


靴屋を出ると、また老人がいなくなっていた。

老人が急にいなくなるのにはもう慣れっこなので、気にしないで歩みを進める。

このあたりは、市場になっているようだった。沿道に敷物をしいて、いろいろなものが売られている。

私はまた、旅の中で自分が何を手に入れたいのか考えていた。

心の中にふっと言葉が浮かんだ。

Acorn Ave.
FRUITS

「夢だ……。私には夢がない！」

夢がないから、迷うのかもしれない。夢が見つかれば、そこに向かってまっすぐに進めるんじゃないだろうかと思った。

そんなことを考えていたら、足元に一匹の猫がすり寄ってきた。

「掘り出し物があるんだけど、見ていかないかい？」

一瞬耳を疑ったが、たしかに猫がそう言った。

「君が言ったの？」

私は思わず猫に聞き返した。

「そうだよ、猫がしゃべっちゃいけないのかい？」

不機嫌そうな声で猫が言う。

「いや、べつに……」

猫の強い口調にしどろもどろに返す。

人（この場合は猫なんだけれど）を怒らせてしまうのが、私は何より苦手だった。

強い口調で言われたら、自分は悪くなくても言葉を飲み込むくせがあった。たとえ相手が猫であっても。

「まあ、いいさ。君にぴったりのものがある。こっちにおいでよ」

断ることができないで、私は言われるままに猫についていった。

一〇メートルほど歩いて路地に入り、一軒の店の前で猫は立ち止まった。

「ここさ」

猫がドアをカリカリと引っ掻くと、勝手にドアが開いた。薄暗い店内には、若い女の人が座っていた。この人が店の主人のようだ。

「いらっしゃい。何かお探し？」

「ママ、この子にこないだ入ったあれを見せてあげて」

「おや、お客さんを連れてきてくれたの。ちょっと待ってて。今とってくるよ」

そう言うと、店主は奥から箱を取り出してきた。

箱の中には、色とりどりの宝石が入っている。

店主はその中から赤い大きな石を取り出した。

「ほら、きれいでしょ？　覗いてみて」

店主に言われるままに、石の中を覗いて驚いた。女の人がたくさんの観客を前に歌っているのが見えた。観客は、割れんばかりの拍手を送っている。しかしよく見ると、歌っているのは私なのである。

「これ、なんですか？」

私は興奮してたずねた。

「これはね、好きな夢が見られる宝石なの。夢の主人公は自分よ。今の石は歌手になれる夢。この緑の石は大金持ちになれる夢。この水色の石は……頭がよくなる夢だね。まだまだたくさんあるよ。どんな夢がお好み？」

私は時間が経つのも忘れて、夢中になって石を覗き込んだ。

どの石が見せてくれた夢もすばらしかった。

しかし、箱の中にとりわけ輝く大きな石が入っているのを見つけると、それが気になってしかたなくなった。

「この石はどんな夢が見られるのですか？」

足元にいた猫の目が怪しく光ったが、私は気づかなかった。

「これはね、あなた自身の夢が見られる石よ」

「私の夢？」

「そう。あなたが心の奥で叶《かな》えたいと思っているほんとうの夢が見られる。でも、この石だけは、お代をもらってからじゃないと見せられないのよ」

「お代……」

この世界に来てからお金を使う機会がなかった（靴屋の修理は無料でやってくれた）ので、私は自分がお金を持っていないことをすっかり忘れていた。

がっくりと肩を落とす私に、店主は猫なで声でこう言った。

「お代は、お金じゃなくてもいいのよ。お金より価値のあるものをあなたは持ってる」

「お金よりも価値のあるもの？」

「そう。それはね、あなたの可能性よ。あなたの可能性と引き換えにこの石を売ってあげる」

「可能性？」

「あなたの未来の可能性。あなたが成し遂げるかもしれない未来。それを私にくれれば、あなたは夢をいつまでも見られる」

「でも、可能性を手放したら私はどうなってしまうんですか」

「何も心配することはないわ。ずっと夢を見て、ずっと夢の中で生きていればいい」

店主の言葉を聞いていると、石が欲しくてしかたがなくなってきた。

「この契約書にサインして」

言われるまま、ペンをとった。

そのときだった。

「しばらくだな」

と、後ろで声がした。あの老人だった。

「あら、あんたのお連れさんだったの。そいつはまずいわね」

店主は不機嫌そうにそう言うと、いそいそと片づけをはじめた。

「え？　私の夢は……？」

「はいはい、お店屋さんごっこは終わりよ。出てって」

私たちは追い出されるようにして店を出た。ドアを出て振り返ると、店はもう跡形もなく消えてしまっていた。

迷うのは悪いことではない

「危なかったよ。あいつは人に偽物の夢を見せる魔女だ」

と、老人が言った。

「君は、とても価値のあるものを手放そうとしていたんだよ。偽物と引き換えにね」

騙されたと知って、私は急に怖くなった。

「私が見ようとしていたのは、偽物の夢だったんですか。あんなにすてきな夢ばかりだったのに……」

「ほんとうの夢は、自分の心の中にしかないんだ。誰かから与えられるものではない。ましてや、お金で買えるものでもない。

もし君に、夢を見せようと言ってくる者がいたら、それは偽物だと思ったほうがいい」

うなだれる私を見て、老人は言葉をつづけた。

「なかなか夢が見つからないと、焦っているんだね。夢のない人生は退屈だから。夢を見つけて、そこに向かって進むのは楽しい。自分の夢を見つけた人たちは、きらきらと輝いている。彼らは多くのことを成し遂げるように見える。自分が夢を探して空回りばかりしていると情けなくなってくる。けれどね、夢はそう簡単に見つかるものじゃない。

なぜ、なかなか見つからないのか。なぜ、迷うのか。教えてあげよう。

それは、君に可能性があるからだよ。

迷うことは悪いことじゃないんだ。むしろ、自分にそれだけたくさんの選択肢があることを喜べばいい。

あの魔女は、魅力的な夢を見せてくれただろう。でも、それは君が叶えたい夢じゃない。人の夢だ。人の夢の中で生きても幸せにはなれない。

人に与えられた夢の中で生きるのは、奴隷として生きるのと同じくらい不幸だ。

たとえ今、君を導くものがわからなくてもいい。そのぶん君には可能性がある。その可能性は自分で大きく育てることができる。でも、自分で大切に育てないと咲かないんだ。君はその『可能性』を手放そうとしていた。手放したら最後、二度と取り戻せない大切なものなのに。

これからいろいろなことに挑戦して、どんな可能性が花開くかを自分で確かめればいい。それがだんだん君の夢になっていくだろう。

夢があることはたしかにすばらしい。でも、夢がすばらしいのは、夢によって多くのものを手に入れたり、多くのことを成し遂げたりできるからじゃない。夢そのものが、人の思考を未来に向けるからすばらしいんだ。

人はつい、未来をないがしろにしてしまうからね。そして、気づくと過去や現在だけに縛られている。だから、だんだん生き方が窮屈になる」

＊＊＊

村長の三人の息子の話

あるところに小さな村があった。

ほんとうに小さな村だったが、村人はみな幸せに暮らしていた。


その村にはとても有能な村長がいたからだ。

村長に解決できない問題はなかった。彼は誰よりも博識だったし、誰よりもアイデアが豊富だった。


そんな村長には三人の息子がいた。

村長は息子たちのうち、上の二人のことをとても頼りにしていた。村で何か解決すべき問題があると、二人の息子によく相談した。

長男の名前はカコと言った。しっかり者で、昔のことをなんでもよく知っていた。

家で本を読むのが好きで、口癖は「本によると」だった。

次男の名前はイマと言った。行動力があって、家にじっとしていなかった。次男の口癖は「この目で見たことしか信じない」だった。

そして、三男はミライという名前だった。ミライは一人で空想にふけっているのが好きだった。村長は彼のことも二人の兄と同じように愛してはいたが、夢のようなことばかり言うので、まだまだ幼いと思っていた。

平和な村である日、事件が起きた。

村長が突然病気で亡くなってしまったのである。

カコとイマは父のように立派に村を治めるにはどうしたらいいのかと悩んだ。

カコは言った。

「いろんな本を読んだけど、どこにも答えが書いてないよ」

イマも言った。

「村じゅう混乱していて何から手をつければいいのかわからない」

けれど、ミライは言った。

「三人の力を合わせて考えようよ。お父さん一人ではできなかったことに挑戦してみよう。そして、今よりもっといい村にするんだよ」


小さな弟の言葉は、兄たちに力を与えた。

「そうだな」

と二人の兄は言った。

未来を想像すると、不思議と勇気がわいてきた。

＊＊＊

成し遂げたことよりも挑戦の数に意味がある

「何かを決めるときは、過去の自分も現在の自分も、いったん脇へやってしまえばいい。

過去にどんな失敗をしていたっていい。今、どんなに無力だっていい。

未来の自分にチャンスをあげられるような生き方をするんだ。

成し遂げたことを数えあげるのはもうやめよう。挑戦の数のほうが意味がある」

老人に言われて気づかされた。

私はずっと、自分には能力がないと思ってきた。でもそれは、過去と今の自分。

未来の自分は、何かすばらしいものを手にしているかもしれない。私ははじめて、

そんな期待を自分に抱いていた。

「挑戦は必ず人を成長させる。挑戦とは、結果に意味があるのではない。挑戦した時点で、すでに成功しているんだ」

老人は力強くそう言った。

◎快適な場所から離れなさい

キムです。かなり遠くまでやってきましたね。どうもお疲れさま。

でも、まだまだ遠くまで行きましょう。


人生を変えようとすると、自分の中での葛藤や、周囲との摩擦が必ず生まれます。

人生を変えるというのは、言い換えれば、あなたがそれまでいた「居心地のいい場所」つまり、コンフォートゾーンから抜け出すということだからです。

コンフォートゾーンというのは、文字どおり「居心地のいい場所」だけを指すのではありません。人生に不満があっても、変えることを先送りにしてしまっているとき、あなたにとって「不満がある状態」がコンフォートゾーンになってしまっている可能性があります。

「人生を変えたい」と思いながら、何もしてこなかった。それは結局、あなたが「不満のある状態」にずっといることを、自分で選んでしまっていることになるのです。

多くの人は、自分がコンフォートゾーンにいることに気づいていません。**「もうこんな人生嫌だ！」と思う瞬間があったら、それは災難ではなく、むしろ天からのギフトなのです。**あなたがより幸せになるために、今が旅立ちのときだと教えてくれているからです。

多くの人が、人生を変えることを難しいと感じてしまう理由を、もう少し掘り下げて考えてみましょう。

その理由の一つに、あなたにとってのコンフォートゾーンが、あなたと深い関わりがある人たちにとってのコンフォートゾーンでもあるということが挙げられます。

彼らは、あなたにそのコンフォートゾーンから出ていかないでほしいと言うかもしれません。なぜなら、それによって自分のコンフォートゾーンが脅かされるからです。

たしかに、身近な人に反対されてしまうのは誰にとってもつらいことでしょう。

けれど、苦しさや不満を抱えてそこにとどまっていることは、もっとつらいことなのではないでしょうか。何よりそんな状態で生きるのは、一度しかない人生の無駄遣いなのではないでしょうか。

だから、コンフォートゾーンを出るときには、いくばくかの勇気が必要です。人から承認されないこと。人から嫌われてしまうこと。その可能性を受け入れなければいけません。

強い精神力があれば、今までの場所、今までの人たちの間で、自分の考え方だけを変えて人生を変えられる人もいるでしょう。でも、私に限って言えば、私はそこまで強い人間ではありませんでした。つい、まわりの人とできるだけ衝突しない道を選ぼうとしてしまう。でも、それではいつまで経っても今の自分のままだと気づきました。だから、私は、環境を変えるほうを選んだのです。順調だった仕事を辞め、快適だった日本での生活を捨てて海外で暮らすことにしました。

さきほどもお伝えしたように、多くの人は、自分がコンフォートゾーンにいることに気づけないでいます。**みんな、なんとなく物足りないけど、まあいいか、という気持ちで日々を過ごしている。**無力感に支配された日々を過ごしている。

あなたは自分でもっと本質的に深く生きられるのに、そのチャンスを自分で手放してきたのです。

手にした一〇〇万円を使わないまま死んでしまったとしたら、もったいないと思うでしょう。それなのに、一〇〇万円以上の価値がある自分の命の使い方について、多くの人はあまりにも無頓着です。

そもそも、どんなに快適なコンフォートゾーンでも、私たちは、ずっと同じ場所にはいられません。

順調である、快適であるということは、じつは衰退のはじまりなのです。どんなに今がよくても、その場所はいつか逆風の吹く場所になってしまう。

どんなに成功した人も同じルールの中で生きています。同じ場所にはいられない。

まわりを見渡しても、このルールから逃れられた例を私は知りません。人生は、順風と逆風が両方吹くことに決まっているようです。

だから順調なときにこそ、何かに挑戦して次の道を準備しておくことです。逆風が吹き荒れてからでは大変です。手放しつづけること、変化しつづけることこそ、じつは順調を長続きさせるコツなのです。

5…私は何を持っている？

お金は自由へのチケットである

猫の町を出てしばらく歩くと、大きな門があった。

門の前には、体の大きな門番が立っていた。

「ここから先は、通行料を払ってもらーう」

門番は私たちの姿に気づくと、大声でそう叫んだ。

「お金がいるみたいですね」

私は、自分が手ぶらで出たことを思い出して不安になった。もちろんお金など持っていなかった。

「そうだ。ここから先は、旅の難易度が少しだけ上がる。**『交換の法則』**が加わるんだ」

「交換の法則？」

いっそう不安がる私の顔を見て、老人は笑いながら説明をつづけた。

「そんなに心配しなくても大丈夫だ。君のズボンの右ポケットには、すでにこの門をくぐるのに必要なだけのお金が入っている」

そう言われてポケットを探ると、不思議な絵が描かれた三枚の紙切れが入っていた。こんなもの、いつの間にポケットに入ったんだろう？　旅に出たときは、たしかに手ぶらだったのに。私は手品を見せられたような気分でその紙切れを眺めた。

「ははは。不思議かい？　それがこの世界の通貨だよ。なぜ君のポケットにお金が入っていたのかわからないんだね。お金の本質を知らないと、手品でも見ているような気分になるかもしれない」

「お金の本質？」

「ちょうどいい機会だ。お金とは何か自分の頭でじっくり考えてごらん」


老人に言われて、私はお金について考えてみた。

頭に浮かんだのは、いつもお金が足りないで心配している自分だった。そして、お金がないせいで卑屈になっている自分。お金がある人をうらやんでいる自分……。お金のことを考えるだけで、ちょっと嫌な気分になってきた。

「お金にいいイメージがありません。お金は、自分の自由にならなくて、なんだか得体の知れないもので怖いというイメージがあります」

「なるほど。この先を進むためには、そのイメージを変えることからはじめるとしよう。この世界では、必要なときに必要なだけのお金が手に入る。それが、お金というものの本質なんだ。この世界では、**君に必要でないお金は入ってこない。君の人生のサイズに合わないお金も入ってこない。**今の君は、この先に進む必要がある。だからポケットの中にちゃんと通行料が入っていただろう？」

「はあ……」

自分の手元にどうしてお金があるのか、やっぱり不思議だった。

「『交換の法則』はシンプルだ。君は、自分が意図しようがしまいが、この世界に対して何かを与えつづけている。君が与えると、その対価としてお金が入ってくるんだ。そして、君が与えるものが君の人生のサイズを決めていく。人生のサイズが大きければ大きいほどお金が入ってくるというルールだ。

人生のサイズを大きくしたいなら、自分は世界に対して何を与え、何をお金と交換して生きていくのかを慎重に考えるといい。そして、**人に渡してしまったらなくなるものは絶対に渡してはいけない。**

猫の町での教訓を思い出そう。君は『可能性』を魔女に渡そうとしていたね。それは手放したら戻ってこないと私は言ったはずだ」

「はい、よく覚えています」

「与えたらなくなってしまうものには大きな価値がある。みんなが欲しがっている。

だからお金に換えやすい。けれど、それを他人に与えつづけていたら、人生のサイズがどんどん小さくなってしまうんだ」

＊＊＊

かつてあった小さな島の話

あるところに小さな島があった。小さな島だったから、みんなで力を合わせて暮らしていた。島の人はみんな働き者でおしゃべりで明るかった。

その島で、あるとき不思議な石が見つかった。その石を調べるためにたくさんの学者がやってきて、島は騒がしくなった。学者が調べたところによると、その石は石油に代わるすぐれた燃料であるということだった。

その話が広まって、世界中から石を買いにくる人々が押し寄せた。

島の人は、石を売ってお金持ちになった。

しばらくすると、働き者だった人たちが一日中寝転んでいるようになった。働かなくても、お金が入ってきたからだ。

またしばらくすると、あんなにおしゃべりで明るかった人たちの声が聞こえなくなった。人と話す用事がなくなったからだ。

またしばらく経って、一人の青年が真っ青な顔をして島の人々に言った。

青年は、カモメを研究している学者の卵だった。

「こんなペースで石を売っていたら、じきに石はなくなってしまうよ」

けれど、島の人は青年の言葉を信じなかった。裏の山にも、海岸にも、自分の家の庭にも、まだまだ石があったから。だから青年はみんなにもわかるようにもう一度、ていねいに説明した。

「この石は、島にやってくるカモメのフンが何百年もかけて化学反応を起こして、やっとできる石なんだ。僕の計算では、あと三年もしないうちに島から石はとれなくなる。島が削られて、カモメが一羽もこの島に来なくなってしまったから。

今すぐ石を売るのをやめないと、取り返しのつかないことになる」

青年の話を聞いた島の人は、ひそひそ声で相談した。そして、不吉な予言をした青年を島から追い出してしまった。

青年はこの小さな島を愛していた。島に来るカモメも、働き者でおしゃべりで明るかった島の人たちのことも大好きだった。

「石がなくなったら、またみんなで力を合わせて働くだろう。元どおりの島になるはずだ」

青年はそう願って島を去った。


それから三年が経った。

青年は立派な学者になっていた。だから島に戻ろうと決心した。今なら、島の人たちも自分の言葉に耳を傾けてくれるだろうと思った。

しかし、彼が海の真ん中に浮かぶその小さな島の地面を踏むことはなかった。島は削られ、溶けて、なくなっていた。彼の計算よりなくなるのがずっと早かった。

島の人たちは、島がなくなっていくのをただ寝転んで眺めていたそうだ。いよいよ自分の家の庭が削られるところまできても、誰も文句を言わなかった。今までの十倍の値段で石を買い取ると言われたから。

島の人が売っていたのは、石だけじゃなかったのかもしれない。気力も明るさも、石と一緒に削られ、溶けて、なくなっていったんだ。住むところを失い、散り散りになった島の人たちが今どこでどんなふうに暮らしているのかはわからない。

そこに小さな島があったということを知る人も、今じゃほとんどいない。

＊＊＊

時間の使い方が人生を決める

「多くの人が、失ったら二度とは戻ってこないものと引き換えにお金を手に入れようとしている。その最たるものが時間だ。失った時間は戻ってはこない。

お金を手に入れるために、自分の時間を切り売りしている人がどんなに多いか。だから人生がどんどん窮屈になっていく。売れば残りが少なくなる。結果的に得られるお金も先細りになる」

「でも、自分が差し出せるものがほかになかったら？　特別な才能がなければ、時間を売るしかないのではありませんか？」

私の声はなぜか苛立っていた。

「たしかに、お金を得るために時間を使わなければならないこともあるだろう。しかし、時間を『売る』のと時間を『使う』のとはまったく別の話だ。

時間は売り物じゃない。時間は自分のものだ。**どんなふうに時間を使うかは自分に決定権がある。その決定権を人に売り渡してはいけない。**どんなときも

「でも、自分ではどうしようもないこともありますよね。誰かのために、やりたくないことをやらなきゃいけないこともあります」

老人の言うことは理想論に過ぎないと思った。何かを手に入れるためには、自分の時間を犠牲にしなければいけない。そういうものだ。

「やりたくないことをやるときでも、その時間に何を考えて過ごすかは、君自身が決めている。他人が、君の頭の中まで支配することはできないだろう?」

「はい……たしかに。まるで支配されているような気分になることはありますが……」

「嫌な気分のまま、嫌なことを考えてやる場合もあるだろう。反対に、この時間を自分の糧にしようという前向きな考えで取り組む場合もあるだろう。どちらだっていいんだ。私が言いたいのは、なんでも前向きにやろうというお説教じみた話じゃない。

その考えが、君自身から生まれたものだという意識を持つことだ。

君が過ごす一瞬一瞬は、君自身がコントロールしている。ただし、君にはまだ無意

識の部分が大きい。無意識の領域を減らし、意識の領域を増やすこと。それが人として強くなるということだ。

この世界では、意識こそが身の守りになる。自分の身は自分で守らねばならない。君から奪おうとする者には、意識の力で対抗するんだ」

私の理解が追いついていないことに気づいたのか、老人は話を変えた。

「『交換の法則』に話を戻そうか。時間を売ってお金に換えている人がほとんどだと私は言ったね。でも時間は有限だ。いつかなくなってしまう。あの小さな島のように。いちばん賢いのはね、与えてもなくならないものと交換することだよ」

「そんなものあるんですか？」

私は思わず身を乗り出した。

「与えてもなくならないもの。それどころか与えれば与えるほど増えていくものがある」

「ナゾナゾですか？」

「ははは。そう聞こえたかい。それじゃあ、答えはこの門をくぐってから話すとしよう。門番が待ちくたびれてイライラしているようだ」

門番を見ると、腕を組んでこちらを睨みつけている。

私は慌ててポケットの紙幣をすべて門番に渡した。大男は何も言わずに門を開け、アゴで向こう側を指した。通ってもいいということみたいだ。おつりはなし。ほんとうに通行料ピッタリのお金だった。

自分とは別の誰かに支配されていないか？

門をくぐったところで、老人がまた姿を消してしまった。

ナゾナゾの答えを聞かせてくれるんじゃなかったっけ……？　心細い気持ちのまま、私は歩き出す。

門の向こうは、
今まで旅してきた中でいちばんの都会だった。
背の高いビルがいくつも立ち並び、
コンクリートの上を
自動車がせわしなく走っていた。
そうした光景は不思議と懐かしかった。

「交換の法則」がまだうまく飲み込めていない私は、少し緊張しながら歩いていた。もしかしたら、ふいに誰かからお金を要求されたりするのではないかと思ったのだ。けれど、心配しているようなことは何一つ起こらなかった。道を歩いている人たちはみんな忙しそうで、他人を気にとめる人は誰もいないように思えた。

どうしてここの人たちは、こんなに忙しそうなのだろう。

交差点を規則正しく行き交う人々を見ていて、はっとした。そうか。彼らは時間を売ってしまったのかもしれない。彼らの時間は、別の誰かに支配されている。

そのことに気づくと、目の前の光景がなんだかとても悲しいものに思えた。

「何と交換すれば、人生のサイズを小さくしないで生きていけるんだろう」

考えをめぐらせていると、小さな虫が鳴くような音がした。私のお腹だ。そう。私はずいぶん前からお腹が空いていたのだ。

前方を見ると、タイミングよく、とても雰囲気のいいおしゃれなレストランがあった。いい匂いもしている。

私はおそるおそるポケットを探ってみる。

「ある……！」

紙幣が一枚だけ入っていた。


レストランのドアを開けると、上品なウェイターさんが席まで案内してくれた。顔は若く見えるが、髪の毛にはところどころ白いものが混じっていた。年齢不詳の不思議な雰囲気の男性だった。

「メニューでございます」

低く落ち着いた声から、やはりそれなりの年齢だということが読み取れた。

手渡されたメニューを見て、私は首をかしげた。

そこにはこう書いてあった。


あなたの思い出、お聞かせください。

どんな思い出も、おいしく召し上がれるよう、腕をふるいます。

甘い、辛い、酸っぱい、好みのお味もお聞かせください。

「これ、どういう意味ですか……?」

「はじめての方ですね。当店は、思い出を調理する店なのでございます」

＊＊＊

人生をおいしくするスパイスの話

ここは、思い出に味つけするレストラン。

シェフはとっても腕がいい。甘い思い出、辛い思い出、酸っぱい思い出、どんな味つけだってお手のもの。

ここのシェフがすごいのは、どんな食材だっておいしくしてしまうこと。シェフに調理できない食材なんてないのだ。

でも、読者のみなさんにだけ、シェフの秘密を教えよう。
シェフは、なんでもおいしくしてしまうスパイスを持っているのだ。
どんな食材にもひとふり、そのスパイスをこっそりかけるだけ。
お客さんはその味に涙する。
そのスパイスの名前は「不幸」というんだ。
人生は、ちょっぴり不幸があったほうがおいしかったりするんだね。

＊＊＊

どんな人生だっておいしく味わうことができる

「それじゃあ、あなたの思い出、お聞かせください」
「えっと」

ウェイターさんにたずねられて私は言葉を失う。なんせ、私は記憶さえも置いて手ぶらで旅に出てきてしまったのだから。でも、お腹は空いている。

真っ白な頭の中を一生懸命に探っていたら願いが通じたのか、ふっと記憶がよみがえった気がした。私が思い出したのは、自分でもなぜそれを思い出したのか不思議なくらい遠いぼんやりとした記憶だった。

「借りていた本を返せなかったことがありました。私が小学四年生のときの記憶です」

私は思い出しながらポツリポツリと話した。ウェイターさんは私のたどたどしい話し方を咎めるでもなく、ただ黙って聞いてくれた。

「本を貸してくれたのは、近所に住んでいる三つ年上の中学生のお姉さんでした。風邪をひいて学校を休んだ私のお見舞いに来てくれたんです。元気がない私にその本を貸してくれました……。でも、なぜだろう。その本、すごくおもしろかったのは覚えているんですけど、タイトルも、どんな内容だったかも忘れてしまいました。

お姉さんは『この本は私の宝物だから読み終わったら必ず返してね』って言ってい

たんです。それなのに私、風邪が治ったらすっかりそのことを忘れちゃって……。しばらくしてから思い出して、慌ててお姉さんの家に行きました。そしたらお姉さんはその数日前に引っ越しちゃってたんです。理由はわからないけど、誰にも行き先を言わなかったみたいです。お姉さんとはそれっきり……」

話していると涙がポロポロこぼれてきた。

「あの本、どこへやっちゃったんだろう」

最後のほうはウェイターさんに話していることを忘れて独り言のようにつぶやいていた。

「どんな方にも、涙なしには語れない思い出が一つくらいはあるものでございます。そして、そういう思い出こそ、あなたらしい人生を演出する大事な原材料なのでございます」

ウェイターさんはそう言って、一杯のスープを運んできた。

お腹がいっぱいになって外に出ると、老人が私を待っていた。

「スープの味はどうだった？」

「あんなスープは飲んだことがありません。お腹もいっぱいになりますが、それよりも胸がいっぱいになるんです」

私の渾身の食レポに顔をゆるませながら、老人は言った。

「食材はシェフの腕しだいで、うまくもまずくもなる。起こった出来事には、自分で味つけができる。君が優れたシェフになれば、どんな人生だって、おいしく味わうことができるんだよ」

君のすべてがこの世界へのギフトである

「あのスープのおかげで、現実の世界に戻ったら、最初にやらなければいけないことを思い出したんです」

「ほう、なんだい？」

「ずっと借りたままになっている本をある人に返しに行きます。それでちゃんとお礼を伝えます。今まで返さなかったことも謝らなくちゃ……。元の世界に戻ったら、やっぱりこの記憶もなくなってしまいますか」

「覚えておかなくちゃならないことだったとしたら、覚えているはずだよ」

老人は、優しい目をしていた。

「お姉さんは、なぜあのとき私に本を貸してくれたんだろうって考えたんです。自分が引っ越さなくちゃいけないことはわかっていたはずなのに。『私の宝物だから必ず返してね』って言っていました。

たぶん、自分のことを誰かに覚えていてほしかったんだと思います。事情があって、誰にもさよならを言えなかった。そんな自分のことを、まわりの人はすぐに忘れてしまうだろう。それが悲しかったんだと思います。私に覚えていてほしかったんだと思います」

老人は、私の話を黙って聞いていた。

「私、自分にはなんの価値があるのかずっとわかりませんでした。でも、なんだかわかりかけてきたような気がします。存在していることそのものに価値があるのかもしれない。生きていれば、誰かのことを覚えていられるから」

「大事なことに気づいたね。君の言うとおりだ。君の人生は君だけに与えられたものじゃない。この世界のすべての人にとって、君が感じること、君が考えること、君が覚えておくこと、君が行動すること、君の人生のすべてが、貴重なギフトなんだ」

6…私は誰なのか？

人は愛の起点にも、憎しみの終点にもなれる

老人の出したナゾナゾの答えはまだわからなかった。

「『交換の法則』の続きを話してくださいませんか」

「おっと、そうだったね。どこまで話した？」

「与えれば与えるほどに増えるものがあるというところまでです。私は何を人に与えれば人生のサイズを小さくしないで生きていけるのでしょうか」

「そうだった、そうだった」

とぼけたように老人は言って、私の顔をじっと見た。

「君は、愛を見たことがあるかい？」

「は？」

思わず素っ頓狂な声が出る。

「愛だよ。見たことないのかい？」

老人はニコニコしながら、私の困った顔を見ている。

「愛って、目に見えないものだと思うんですけど……」

「そうか。じゃあ、君は愛が存在すると思うかい？」

「それは、まあ……あると思います」

「目には見えないのに、あることを信じられる。なぜだ？」

「えっ……」

「君の心が感じるからだよ。そこに愛があるということを。

君が愛を感じなければ、愛は存在できない。

つまり人はみな、存在しているだけで愛を生み出す起点になれるんだ。これがどれほど重要なことかわかるかい？　そして、愛の起点であると同時に、人は憎しみの終点にもなれる」

＊＊＊

腕のいい精神科医の話

ある国で、ひどい戦争があった。

戦争の中で、多くの人が心を病んだ。しかし、病んだ心を治せる医師は、その国には一人もいなかった。医師もまた心を病んでいたからだ。

あるとき、腕がいいと評判の精神科医が遠い国からやってきた。何人もの患者がその医師を頼ってやってきた。

驚いたことに、その医師は、患者にほとんど薬を出さなかったという。それなのに、患者はみるみる回復していった。

どんな診察をしているのかと興味を持った人が、こっそり治療室を覗いてみた。

そこには、不思議な光景が広がっていた。

医師は何も質問せず、患者が一人で話しつづけていた。医師は、おだやかな笑みをたたえて、そこに座っているだけだった。

この医師が聞き上手だったのは無理もない。この医師は、この国の言葉がわからなかったのだから。

＊＊＊

人は自分が何者であるかを知るために人と出会う

「多くの人が、誰かの役に立ちたいと思っている」

老人は優しい目でつづけた。

「そして、そのために、何かを成し遂げたり、何かを与えたりしなければいけないと感じている。けれどね、この精神科医が人を癒すことができたように、すべての人は、ただそこにいるだけで、誰かを癒す存在になることができるんだ。君にはそれを忘れないでほしいと思う。

自分の存在価値がわからなくなったら、自分がこの世界へのギフトだったということを思い出せばいい。目の前にいる人が、君というギフトを受け取った人だ。

その人をよく見てごらん。うれしい顔をしている？　ちょっと困った顔をしている？

他者はつねに、君が誰なのか、どんな人間なのかを教えるために存在しているんだよ。人は、自分の価値を知るために人に出会うんだ。

自分が無力だと感じたときは、ただ目の前の人の話をよく聞くといい。

何か立派なことを言わなくちゃならないという考えは頭から追い出そう。

いちばん喜ばれるギフトは、愛のある沈黙だ。

耳で聞くだけじゃなく、しっかり心で聞こう。そして、君がその人の話を聞いて感じたことを、表情や言葉やしぐさで相手に返してあげる。君のその行為に相手がどれだけうれしそうな顔をするかよく観察してごらん。

これがもっともシンプルな愛の渡し方なんだ」

「つまり、『交換の法則』の中で、私が相手に与えることができるのは、愛だということですか？　そして、愛は減ることがない……」

「そのとおり！　愛は、増えつづける無限のエネルギーなんだ。けれど、人に与えていいのは、本物の愛だけだ。偽物の愛なんて誰も欲しがらない」

「本物と偽物の違いはどこにあるのですか？」

「矛盾するように聞こえるかもしれないが、それは**見返りを求めない**ということだよ。本物の愛は無償なんだ」

「つまり、お金を得たいから愛するという考え方では、本物の愛を与えることはできないということですね」

「そうだ。『交換の法則』の中で人がうまく立ち回れないのは、この原則をわかっていないからだ。本物の愛は与えたら与えっぱなしでいい。与えたことさえ忘れてしまうぐらいでちょうどいい。

愛のはじまりは、いつも無意識の中にある。気づいたときには、すでに愛してしまっている。誰も、愛することに決めてから愛することはできない」

「与えたら忘れてしまうだなんて、難しいですね。与えた瞬間に返ってくることを期待してしまう気がします」

「正直でいいね」

老人は愉快そうに笑った。

「では特別に、見返りを求めずに愛するいちばん簡単な方法を教えよう。

それは、自分が愛を与えたくてしかたがない人や物や事に囲まれて生きていくこと。

それ以外の人や物や事からは距離を置くことだ」

＊　＊　＊

恋人を探す女の話

ある女が生き別れた恋人を探していた。

彼女が心から愛した人だ。

けれど彼女は、恋人の出身地を知らなかった。家族構成も知らなかった。就いている職業も、年収も知らなかった。それどころか、恋人の顔や名前さえ知らなかった。

なぜなら、二人はまだ出会っていなかったから。

彼女が唯一知っていたのは、彼がこの世界のどこかにいるということだけ。

それゆえ、彼女は、世界のすべてが愛おしかった。世界のあらゆる場所が、彼のいるかもしれない場所だったから。

＊　＊　＊

ほかの誰でもない私になる

「身のまわりにあるものすべてが、愛を与える対象だと思ってこの世界を見てごらん。今までと見え方が違ってくるだろう。『交換の法則』が人間に教えているのは、**与えられるよりも、与えるほうが幸福であるということだ**」

老人の話を聞いているうちに、私の心の中には、私が愛していたいろんなものが浮かんできた。家族や友だち、好きな音楽、好きな本、休みの日の夜ふかしと朝寝坊……。こんなに愛を与えられるものに囲まれていたのに、私はなぜもっと真剣にそれを愛さなかったのだろうと後悔しはじめていた。

あの門をくぐってから、旅に出る前の生活のことを、私は少しずつ思い出すようになっていた。私がどこで何をしていた人間なのかも、もうすぐ思い出すのかもしれない。

「ここを出たら、私は元の生活に戻るんですよね？」

「ほほう。その質問が君の口から出るということは旅も終わりに近づいているということかな？」

「じつは、私ももうすぐこの旅が終わるんじゃないかと感じていました。さっきの質問ですが、ここを出たら、私はどうなっているんでしょうか？」

しつこく質問を繰り返したが、老人は答えなかった。

しかたなく、コンクリートの道路を歩きつづける。

立ち並ぶビルの真ん中にポツンと公園があった。
休憩時間なのか、単に仕事をさぼっているのか、
背広を着たサラリーマンが、ベンチに座って空を眺めていた。
その光景を、私は以前にもたしかに見た気がした。

NORTHUMBRIA
HOTEL
NORTHUMBRIA INN
ILFORD RO

「ここを出たら、君はどうなっていたい？」

ふいに老人が口を開いた。

この旅のあいだじゅう、似たような質問を何度もされてきたけれど、今回はいつもと違っていた。私の中に答えがあったからだ。

「元の自分に戻って、そこからまた歩きたいと思っています」


私はずっと、自分ではない誰かに憧れていたような気がする。誰かになろうとして誰にもなれなかった。それが苦しかった。でも今はわかる。**生きているうちに、私は、私になることができる。**


この旅を通して気づいた。

すべての瞬間に自分がいたということ。

踏みしめた地面の感触。遠くで水が流れる音を聴きとった耳。青々とした木々に癒された目。スープを味わった舌。どの瞬間も自分だった。私が自分の足で歩いていなければ、私の感覚はこの世界には存在していない。旅の間ずっと、私はすべてを生み出す根源だった。

私が、ほかの誰かになっても意味はないんだ。

私は、今の自分のままでもう一度生き直してみたい。ほんとうは何が見えたのか。何を感じられたのか。どんな人生がそこにあったのか知りたい。

「元の世界に戻った君が、さえないちっぽけな人間だったとしても?」

老人がいたずらっぽく言った。

「それでもかまいません。私は、私として生き直したいです」

私の言葉に迷いはなかった。

あたりがまたあの白い光につつまれた。まぶしくて目を閉じる。

目を開けると、あの白い部屋に私は立っていた。

「スタートに戻ってきたんですね」

「そう。そしてここが君の目的地だったんだ。目的地に意味はほとんどない。私がそう言ったことを覚えているだろう?」

「はい、よく覚えています。そして、その意味が今はよくわかります」

「目的地は、どこか遠くにあるものじゃないんだ。

誰にとっても、この足元が目的地。

今日という日を自分の足で精一杯生きることを目的にしたならば、一瞬一瞬はすべて目的地なんだ。そして、毎日が目的達成の記念日になる」

老人の姿が、なんとなく薄くなっていっている気がした。

「また消えてしまうんですか?」

次に消えたらきっともう会えないのだろう。そんな予感がしていた。

「私はいつも君のそばにいる。君がどちらの道を行くべきなのか、何も教えないし、何も指示しないいけれどね」

老人の言葉に思わず笑ってしまう。

「また挨拶もなく、消えてしまうんですね」

老人も私の言葉に笑う。

冗談を言い合っているうちにも、老人の姿は消えかかっていた。

「最後に一つだけ質問させてください。あなたの名前は？」

ここを出たら、旅で見てきたこと、感じたこと、出会った人たちのことは忘れてしまうと言われた。でも、老人の名前くらいなら覚えていられるかもしれない。

「名前か……。もうずいぶん長い間、呼ばれていなくて自分でも忘れかけていた。でも、かつて一人の少女が私のことをこう呼んでいたよ。

私の名前は、ブック。本だ」

エピローグ

旅立ちのときは来た。
君はもう前に進むしかない。
後ろに道はないのだから。

その老人は、最後に私にそう言った。
私はもう迷っていなかった。
ここからまたはじめよう。
また手ぶらで旅に出よう。
生きているうちに。

私が持っていくものはただ一つ。
そこへたどり着くまで旅をやめない覚悟、それだけだ。

あとがき

一冊の本が、孤独を埋める最高の友だちになることがあります。

その友だちは決して私を非難したり、責めたりしませんでした。どんなときも、ただそばにいてくれました。

気まぐれな私は、その友だちのことなんかすっかり忘れてしまうこともよくありました。ほかの友だちと遊ぶのに夢中になったり、恋人に手紙を書くのに忙しかったりしたのです。

そんなとき、私は、彼を本棚にしまいっぱなしにしてしまいました。でも彼は、私を許してくれました。ふと思い出して手にとったときに、彼は変わらず私を楽しませてくれたのです。

十代のころ、抱えきれない悩みの海に溺れそうだった私は、何度も本に助けられました。本との出会いがなかったら、今の私はなかったと言ってもいいと思います。私が体験したのと同じように、人に寄り添う作品を残すことができたら。私が本を書く仕事をはじめた理由です。

自分の魅力に気づけないで人生を無駄にしてしまう人がたくさんいます。彼らは、まるで籠の中の鳥のように、大空を羽ばたく力があることに気づいていません。この本は、私の身近にいるそんな人たちを励ましたいと思って書きました。

人を思いやることができ、ニコニコ笑っている。人を悪く言ったり、愚痴をこぼしたりすることもない。いつも控えめで、一歩ひいたところでまわりを見ている。

ほんとうに励ましが必要なのは、しかめっ面で文句ばかり言っている人たちではなく、こんなふうに、誰かを傷つけることを何よりも恐れる、心優しい人たちなのかもしれません。


彼らはみんなに好かれているでしょう。頼りにされてもいるでしょう。だからこそ、新しい世界へ出て行くことが難しくなってしまうのです。

自分らしく生きることは、人から嫌われてしまうことでもあります。

でもどうかそれを恐れないで。自分が成長するほうへ進んでいってほしい。そのほうが、人生はずっと意義のあるものになるのですから。


最後まで、旅にお付き合いくださりありがとうございました。

あなたが、人生という旅を懸命につづけていく自分のことを、もう少し大切にしてもいいんだ、愛してもいいんだと思ってくださったならうれしいです。

人生には、何度か旅立ちのときが訪れます。同じ場所にはいられないのです。人は誰でも成長する宿命を持っている。この本が、あなたの旅立ちを支える一冊になれば、著者としてこれほどうれしいことはありません。

二〇一六年六月

ジョン・キム

［著者プロフィール］

ジョン・キム　John Kim

作家。韓国生まれ。日本に国費留学。米インディアナ大学マス・コミュニケーション博士課程単位取得退学。博士（総合政策学）。ドイツ連邦防衛大学技術標準化部門博士研究員、英オックスフォード大学知的財産研究所客員上席研究員、米ハーバード大学インターネット社会研究所客員研究員、2004年から2009年まで慶應義塾大学デジタルメディア・コンテンツ統合研究機構特任准教授＆プログラムマネージャー、2009年から2013年まで同大学大学院政策・メディア研究科特任准教授。BSフジ「プライムニュース」ブレインキャスター、情報通信学会理事、内閣官房・総務省・経済産業省・文化庁の民間委員を務める。2013年からは、パリ・バルセロナ・フィレンツェ・ウィーンに拠点を移し、執筆活動中心の生活を送っている。著書に『媚びない人生』（ダイヤモンド社）、『真夜中の幸福論』（ディスカヴァー・トゥエンティワン）、『時間に支配されない人生』（幻冬舎）、『断言しよう、人生は変えられるのだ。』（小社）、『来世でも読みたい恋愛論』（大和書房）等、共著に『ジョンとばななの幸せって何ですか』（光文社）がある。

■ジョン・キム　公式サイト
http://johnkim.jp/

■ジョン・キム　読者オンラインサロン
「Essence Reading」サイト
http://es-reading.com

生きているうちに。

2016年 9 月10日　初版印刷
2016年 9 月20日　初版発行

著　者　ジョン・キム
発行人　植木宣隆
発行所　株式会社サンマーク出版
〒169-0075 東京都新宿区高田馬場2-16-11
☎03-5272-3166 (代表)
印　刷　株式会社暁印刷
製　本　株式会社若林製本工場

ISBN978-4-7631-3430-1　C0030

ホームページ　http://www.sunmark.co.jp
携帯サイト　http://www.sunmark.jp